4⏻ Minutos

DE ESTUDIO BÍBLICO

PROGRAMA DE
ESTUDIO
EN 6 SEMANAS

MINISTERIOS
PRECEPTO
INTERNACIONAL

¿CÓMO TOMAR

DECISIONES

QUE NO

LAMENTARÁS?

KAY ARTHUR
DAVID &
BJ LAWSON

¿Cómo Tomar Decisiones Que No Lamentarás?
Publicado en inglés por WaterBrook Press
12265 Oracle Boulevard, Suite 200
Colorado Springs, Colorado 80921
Una división de Random House Inc.

Todas las citas bíblicas han sido tomadas de la Nueva Biblia Latinoamericana de Hoy;
© Copyright 2005
Por la Fundación Lockman.
Usadas con permiso (www.lockman.org).

ISBN 978-1-62119-017-2

2014 – Edición Estados Unidos

CÓMO USAR ESTE ESTUDIO

Este estudio bíblico ha sido diseñado para grupos pequeños que están interesados en conocer la Biblia, pero que disponen de poco tiempo para reunirse. Por ejemplo, es ideal para grupos que se reúnen a la hora de almuerzo en el trabajo, para estudios bíblicos de hombres, para grupos de estudio de damas, para clases pequeñas de Escuela Dominical, o incluso para devocionales familiares. También, es ideal para grupos que se reúnen durante períodos más largos – como por las noches o los sábados por la mañana – pero que sólo quieren dedicar una parte de su tiempo al estudio bíblico, reservando el resto del tiempo para la oración, comunión y otras actividades.

Este libro está diseñado de tal forma que el grupo tendrá que realizar la tarea de cada lección al mismo tiempo que se realiza el estudio. El discutir las observaciones a partir de lo que Dios dice acerca del tema revela verdades emocionantes e impactantes.

Aunque es un estudio grupal, se necesitará un facilitador para dirigir al grupo – alguien que permita que la discusión se mantenga activa. La función de esta persona no es la de conferencista o maestro. No obstante, cuando este libro se usa en una clase de Escuela Dominical, o en una reunión similar, el maestro debe sentirse en libertad de dirigir el estudio de forma más abierta, dando otras observaciones además de las que se encuentran en la lección semanal.

Si eres el facilitador del grupo, el líder, a continuación encontrarás algunas recomendaciones para hacer más fácil tu trabajo:

- Antes de dirigir al grupo, revisa toda la lección y marca el texto. Esto te familiarizará con el contenido y te capacitará para ayudar al grupo con mayor facilidad. Te será más cómodo dirigir al grupo siguiendo las instrucciones de cómo marcar, si tú como líder escoges un color específico para cada símbolo que marques.

- Al dirigir el grupo, comienza por el inicio del texto y lee en voz alta siguiendo el orden que aparece en la lección, incluyendo los "cuadros de aclaración" que pueden aparecer. Trabajen la lección juntos, observando y discutiendo lo que aprenden. Al leer los versículos bíblicos, haz que el grupo diga en voz alta la palabra que se está marcando en el texto.
- Las preguntas de discusión sirven para ayudarte a cubrir toda la lección. A medida que la clase participe en la discusión, muchas veces te darás cuenta de que ellos responderán a las preguntas por sí mismos. Ten presente que las preguntas de discusión son para guiar al grupo en el tema, no para suprimir la discusión.
- Recuerda lo importante que es para la gente el expresar sus respuestas y descubrimientos. Esto fortalece grandemente su entendimiento personal de la lección semanal. Asegúrate de que todos tengan oportunidad de contribuir en la discusión semanal.
- Mantén la discusión activa. Esto puede significar el pasar más tiempo en algunas partes del estudio que en otras. De ser necesario, siéntete en libertad de desarrollar una lección en más de una sesión. Sin embargo, recuerda que no debes ir a un ritmo muy lento. Es mejor que cada uno sienta que contribuye a la discusión semanal, "que deseen más", a que se retiren por falta de interés.
- Si las respuestas del grupo no te parecen adecuadas, puedes recordarles cortésmente, que deben mantenerse enfocados en la verdad de las Escrituras. La meta es aprender lo que la Biblia dice, no adaptarse a filosofías humanas. Sujétate únicamente a las Escrituras y permite que Dios te hable. ¡Su Palabra es verdad (Juan 17:17)!

CÓMO TOMAR DECISIONES QUE NO LAMENTARÁS

¡Te odio! ¿Cómo puedes decirme en mi cara que me amas, si ni me llamas, ni vienes a verme y sólo me llamas cuando tú y tu 'amiguita' no tienen algún plan o cuando te digo que quiero verte? Así que, "¡No me digas que me amas!"

Mientras su hija adolescente le gritaba, su corazón se partía en pedazos. Finalmente él se fue, preguntándose, *"¿cómo llegué a este punto — divorciado y con el desprecio de mi hija — si lo que siempre quise en la vida fue ser un gran esposo y un buen padre?"*

Quizás tú también te estés preguntando cómo terminaste en donde estás; pensando en que tu vida sería mejor si hubieras tomado decisiones diferentes a lo largo del camino. Posiblemente tu situación actual es buena, pero estás enfrentando algunas decisiones difíciles.

Cada día nos enfrentamos con diferentes decisiones, muchas de ellas son benignas y sin consecuencias permanentes.

Otras pueden cambiar el curso de nuestras vidas — ya sea para bien o para mal. Hay muchos caminos que podemos tomar, pero algunos de ellos tienen trampas escondidas o pueden llevarnos en direcciones peligrosas; en algunos casos una decisión equivocada podría conducirnos incluso a la muerte. Así que, ¿a dónde acudes cuando necesitas dirección?

Este estudio inductivo te dará las pautas para que puedas tomar decisiones difíciles. Por "inductivo" queremos decir que irás directo a la fuente — la Biblia — para ver lo que Dios dice. Conocer Su Palabra por ti mismo te equipará para tomar decisiones que le den la honra a Él y que te permitan disfrutar de Su paz.

David fue el célebre y grandioso segundo rey de Israel. Su obediencia tuvo como resultado el recibir abundantes bendiciones, no sólo para su casa, sino también para todo Israel. David fue un hombre que llegó a casarse con varias esposas quienes le dieron muchos hijos. David tenía mucho por qué estar agradecido. Sin embargo, junto con su éxito llegaron nuevas oportunidades y decisiones. Examinemos la vida de David y las decisiones que tomó.

OBSERVA

Líder: Lee en voz alta 2 Samuel 11:1-5.

- *Pide al grupo que repita en voz alta y subraye cada referencia a **David**, incluyendo sus pronombres y referencias verbales.*

ACLARACIÓN

Era normal que los reyes fueran a la guerra en la primavera, la cual marcaba el final de la época lluviosa. En aquella temporada, los caminos estarían transitables, habría pasto para los animales y el ejército podría obtener sus alimentos de los campos por los que pasaban.

DISCUTE

- ¿Qué aprendiste al marcar las referencias a *David*, en el versículo 1?

2 Samuel 11:1-5

[1] Aconteció que en la primavera, en el tiempo cuando los reyes salen a la batalla, David envió a Joab y con él a sus siervos y a todo Israel, y destruyeron a los Amonitas y sitiaron a Rabá. Pero David permaneció en Jerusalén.

[2] Al atardecer David se levantó de su lecho y se paseaba por el terrado de la casa del rey, y desde el terrado vio a una mujer que se estaba bañando; y la mujer

era de aspecto muy hermoso.

[3] David mandó a preguntar acerca de aquella mujer. Y alguien dijo: "¿No es ésta Betsabé, hija de Eliam, mujer de Urías el Hitita?"

[4] David envió mensajeros y la tomaron; y cuando ella vino a él, él durmió con ella. Después que ella se purificó de su inmundicia, regresó a su casa.

[5] Y Betsabé concibió; y envió aviso a David diciéndole: "Estoy encinta."

• ¿Qué le sucedió a David cuando se quedó en casa y no fue a la batalla como debían de hacerlo los reyes?

ACLARACIÓN

La mujer que David vio era "de aspecto muy hermoso". La frase Hebrea que se usa en este pasaje está reservada para las personas con una apariencia física deslumbrante.

• ¿Cuál fue el orden de los eventos que llevaron a Betsabé a quedar encinta?

• ¿Qué decisiones pudo haber tomado David para cambiar el resultado de estos eventos?

OBSERVA

¿Tenía David el conocimiento que necesitaba para tomar la decisión correcta? Según Deuteronomio 17:18-20, todo rey que llegara al poder debía escribir su propia copia de la ley — los primeros cinco libros de la Biblia, desde Génesis hasta Deuteronomio. Esto significa que David debió haber escrito Éxodo 20:1-17, en donde se encuentran los Diez Mandamientos.

Líder: Lee este pasaje y:

* *Enumera cada uno de los mandamientos conforme los vayan leyendo. El primer mandamiento se encuentra en el versículo 3.*
* *Al leer un mandamiento que trate acerca de algún asunto sexual, enuméralo y coloca junto a él, una marca como ésta:* ✓

DISCUTE

* ¿Quebrantó David algunos de estos mandamientos cuando se acostó con Betsabé? De ser así, ¿cuáles?

Éxodo 20:1-17

¹ Entonces Dios habló todas estas palabras diciendo:

² "Yo soy el Señor tu Dios, que te saqué de la tierra de Egipto, de la casa de servidumbre.

³ "No tendrás otros dioses delante de Mí.

⁴ "No te harás ningún ídolo, ni semejanza alguna de lo que está arriba en el cielo, ni abajo en la tierra, ni en las aguas debajo de la tierra.

⁵ No los adorarás (No te inclinarás ante ellos) ni los servirás (ni los honrarás). Porque Yo, el Señor tu Dios, soy Dios celoso, que

castigo la iniquidad de los padres sobre los hijos hasta la tercera y cuarta generación de los que Me aborrecen,

⁶ y muestro misericordia a millares, a los que Me aman y guardan Mis mandamientos.

⁷ "No tomarás el nombre del Señor tu Dios en vano, porque el Señor no tendrá por inocente al que tome Su nombre en vano.

⁸ "Acuérdate del día de reposo para santificarlo.

⁹ "Seis días trabajarás y harás toda tu obra,

¹⁰ pero el séptimo día es día de reposo para el Señor tu Dios. No harás en él trabajo alguno, tú,

• Revisa lo que marcaste acerca de David en el pasaje de 2 Samuel. ¿Fue advertido David, de alguna forma, en que estaría quebrantando uno o más de estos mandamientos si se acostaba con Betsabé?

• Cuando David decidió acostarse con Betsabé, ¿en qué se basó su decisión?

- ¿Observas alguna similitud entre lo sucedido a David y Betsabé y las decisiones que muchos están tomando en la actualidad? Explica tu respuesta.

- Cuando las personas enfrentan una decisión de moralidad, ¿qué camino elige la mayoría y en qué se basan?

ni tu hijo, ni tu hija, ni tu siervo, ni tu sierva, ni tu ganado, ni el extranjero que está contigo.

[11] Porque en seis días hizo el SEÑOR los cielos y la tierra, el mar y todo lo que en ellos hay, y reposó en el séptimo día. Por tanto, el SEÑOR bendijo el día de reposo y lo santificó.

[12] "Honra a tu padre y a tu madre, para que tus días sean prolongados en la tierra que el SEÑOR tu Dios te da.

[13] "No matarás (No asesinarás).

[14] "No cometerás adulterio.

[15] "No hurtarás.

¹⁶ "No darás falso testimonio contra tu prójimo.

¹⁷ "No codiciarás la casa de tu prójimo. No codiciarás la mujer de tu prójimo, ni su siervo, ni su sierva, ni su buey, ni su asno, ni nada que sea de tu prójimo."

2 Samuel 11:6-13

⁶ Entonces David envió a decir a Joab: "Envíame a Urías el Hitita." Y Joab envió a Urías a David.

⁷ Cuando Urías vino a él, David le preguntó por Joab, por el pueblo y por el estado de la guerra.

OBSERVA

Continuemos con la historia de David y Betsabé.

Líder: *Lee 2 Samuel 11:6-13 en voz alta.*
- *Pide al grupo que repita en voz alta y subraye toda referencia a **David**.*

ACLARACIÓN

De acuerdo con 1 Samuel 21:4-5, David y sus hombres "se abstenían de mujeres" siempre que salían a librar una batalla.

DISCUTE

- ¿Qué crees que David estaba tratando de lograr en los versículos 6-8 y por qué?

- ¿Funcionó su plan? ¿Por qué sí o por qué no?

- ¿Estaba Urías enfrentando algún tipo de decisiones en esta situación? ¿Cuáles eran?

- ¿Qué te dice el comportamiento de Urías acerca de su carácter?

[8] Después dijo David a Urías: "Desciende a tu casa, y lava tus pies." Salió Urías de la casa del rey, y tras él fue enviado un obsequio del rey.

[9] Pero Urías durmió a la entrada de la casa del rey con todos los siervos de su señor, y no bajó a su casa.

[10] Cuando se lo contaron a David, le dijeron: "Urías no bajó a su casa," David dijo a Urías: "¿No has venido de hacer un viaje? ¿Por qué no bajaste a tu casa?"

[11] Urías respondió a David: "El arca, Israel y Judá están bajo tiendas, y mi señor Joab y los siervos de mi señor

acampan a campo abierto. ¿He de ir yo a mi casa para comer, beber y acostarme con mi mujer? Por su vida y la vida de su alma, que no haré tal cosa."

• ¿Cómo crees que se sintió David en esta situación y por qué?

^{12} Entonces David dijo a Urías: "Quédate aquí hoy también, y mañana te dejaré ir." Y se quedó Urías en Jerusalén aquel día y el siguiente.

• ¿Qué decidió hacer David cuando vio que Urías no iría a su casa? ¿Por qué?

^{13} Y David lo convidó a comer y a beber con él, y lo embriagó. Al anochecer Urías salió a acostarse en su cama con los siervos de su señor, pero no descendió a su casa.

• ¿Has visto o escuchado acerca de algún plan engañoso parecido al de David, descrito en el versículo 13? Describe lo que sucedió.

OBSERVA

Líder: Lee 2 Samuel 11:14-17 en voz alta.
Pide al grupo que haga lo siguiente:
* *Subraye cada referencia a **David**.*
* *Encierre en un cuadrado cada referencia a **Urías**:* ⬚

DISCUTE

* ¿Cuál fue la siguiente estrategia de David con respecto a Urías?

* ¿A quién estaba involucrando?

* ¿Por qué David está recurriendo a todo esto?

* ¿Cuál fue el resultado final de esta estrategia? Y, ¿era esto acorde con los Diez Mandamientos? ¿Qué es lo que David acababa de hacer?

2 Samuel 11:14-17

¹⁴ A la mañana siguiente David escribió una carta a Joab, y la envió por mano de Urías.

¹⁵ En la carta había escrito: "Pongan a Urías al frente de la batalla más reñida y retírense de él, para que sea herido y muera."

¹⁶ Así que cuando Joab asediaba la ciudad, puso a Urías en el lugar donde sabía que había hombres valientes.

¹⁷ Y los hombres de la ciudad salieron y pelearon contra Joab, y algunos de los siervos de David cayeron, y murió también Urías el Hitita.

2 Samuel 11:26-27

²⁶ Al oír la mujer de Urías que su marido Urías había muerto, hizo duelo por su marido.

²⁷ Cuando pasó el luto, David mandó traerla a su casa, y ella fue su mujer; y dio a luz un hijo. Pero lo que David había hecho fue malo a los ojos del Señor.

OBSERVA

Líder: Lee 2 Samuel 11:26-27 en voz alta.

Pide al grupo que haga lo siguiente:

• *Subraye las referencias a David.*

• *Encierre en un círculo cada referencia a Betsabé.*

DISCUTE

• ¿Qué aprendiste al marcar las referencias a Betsabé?

• ¿Cómo consideró Dios todo lo que David había hecho?

• Discute una por una las cosas que hizo David, que fueron consideradas por Dios como malas.

• Repasa las decisiones que David tomó en cada ocasión, empezando con el hecho de no ir a la batalla cuando era el tiempo en que los reyes lo hacían, hasta llegar al último versículo que leíste. Al discutir esto, habla sobre las decisiones que debió haber tomado.

• ¿Qué has aprendido de los eventos en este capítulo, que puedas aplicar hoy a tu propia vida?

FINALIZANDO

Dios se refiere a David como "un hombre conforme a Su corazón" (1 Samuel 13:14; Hechos 13:22). Esta descripción se basa en las decisiones que David había tomado mientras seguía los mandamientos y estatutos de Dios; aquellas decisiones que resultaron en bendiciones no sólo para él, sino para toda la nación de Israel. Pero en su vida también encontramos una serie de decisiones contrarias a los mandamientos de Dios; mandamientos con los que estaba muy bien familiarizado.

David pudo haber elegido obedecer la Palabra de Dios en cualquier momento, pero en lugar de eso, él optó por seguir un camino que lo acercaría más y más al peligro. Una decisión aparentemente insignificante como la de quedarse en casa en lugar de ir a la batalla, lo llevó a codiciar a la esposa de su vecino; decisión que luego lo condujo al adulterio y al asesinato. La Biblia nos dice que las acciones de David eran malas ante los ojos del Señor.

¿Y qué de ti? ¿Eres conocido como un hombre o una mujer conforme al corazón de Dios, o has hecho lo malo ante los ojos del Señor? ¿Estás tomando decisiones basadas en la Palabra de Dios o basadas en tus propios deseos? Si lo último es tu caso, debes saber esto: Puedes elegir cumplir la Palabra de Dios en cualquier momento y volverte del camino que conduce a la destrucción.

La tercera estrategia de David para encubrir su pecado parece haber tenido éxito. Ha tomado a Betsabé como su esposa y ella le ha dado un hijo. Las malas decisiones de David, son ahora su bien guardado secreto. Nadie lo descubrirá... o ¿sí?

OBSERVA

Líder: Lee 2 Samuel 12:1-6 en voz alta.
* *Pide al grupo que subraye las referencias a **David**.*

DISCUTE
* ¿Qué aprendiste al marcar las referencias a *David*?

2 Samuel 12:1-6

[1] Entonces el SEÑOR envió a Natán a David. Y Natán vino a él y le dijo: "Había dos hombres en una ciudad, el uno rico, y el otro pobre.

[2] El rico tenía muchas ovejas y vacas.

[3] Pero el pobre no tenía más que una corderita Que él había comprado y criado, La cual había crecido junto con él y con sus hijos. Comía de su pan, bebía de su copa y dormía en su seno, Y era como una hija para él.

[4] Vino un viajero a visitar al hombre rico y éste no quiso tomar de sus ovejas ni de sus vacas para preparar comida para el caminante que había venido a él, sino que tomó la corderita de aquel hombre pobre y la preparó para el hombre que había venido a visitarlo."

- ¿Qué estaba sucediendo en estos seis versículos?

[5] Y se encendió la ira de David en gran manera contra aquel hombre, y dijo a Natán: "Vive el Señor, que ciertamente el hombre que hizo esto merece morir;

- ¿Por qué Natán estaba contándole esta parábola a David?

[6] y debe pagar cuatro veces por la cordera, porque hizo esto y no tuvo compasión."

OBSERVA

Líder: *Lee 2 Samuel 12:7-9 en voz alta. Pide al grupo que diga en voz alta y marque...*

- *Toda referencia a **Dios**, incluyendo pronombres, sinónimos y referencias verbales, con un triángulo:* △
- *Toda referencia a **David** subrayándola.*

DISCUTE

- ¿Qué aprendiste acerca de Dios al marcar las referencias a Él?

- ¿Qué aprendiste acerca de David?

- ¿Cuáles son las similitudes entre la parábola que Natán le acaba de contar a David y su propia situación como rey? Discútelas.

- ¿Cuál era el papel de Natán en todo esto? ¿Qué se le hizo difícil y por qué?

- ¿Qué decisión tuvo que tomar Natán?

- ¿Has estado alguna vez en una situación similar a la de Natán? Describe la situación y cómo la enfrentaste. ¿Cuál fue el resultado final?

2 Samuel 12:7-9

⁷ Entonces Natán dijo a David: "Tú eres aquel hombre. Así dice el Señor, Dios de Israel: 'Yo te ungí rey sobre Israel y te libré de la mano de Saúl.

⁸ Yo también entregué a tu cuidado la casa de tu señor y las mujeres de tu señor, y te di la casa de Israel y de Judá; y si eso hubiera sido poco, te hubiera añadido muchas cosas como éstas.

⁹ ¿Por qué has despreciado la palabra del Señor haciendo lo malo ante Sus ojos? Has matado a espada a Urías el Hitita, has tomado su mujer para que sea mujer tuya, y a él lo has matado

con la espada de los Amonitas.

• ¿Qué quiso decir Natán cuando le dijo a David que había despreciado la Palabra del Señor? ¿Cómo afectó esto las decisiones que tomó David?

• ¿Conoces a alguien que no haya hecho caso a la Palabra del Señor? Si puedes, describe la situación y las consecuencias, pero no menciones su nombre.

2 Samuel 12:10-14

¹⁰ Ahora pues, la espada nunca se apartará de tu casa, porque Me has despreciado y has tomado la mujer de Urías el Hitita para que sea tu mujer.'"

¹¹ "Así dice el SEÑOR: 'Por eso, de tu misma casa levantaré el mal contra ti; y aun tomaré tus mujeres delante de tus ojos y las daré a tu compañero, y éste se acostará con tus

OBSERVA

Líder: Lee 2 Samuel 12:10-14 en voz alta. Nota que es Natán quien continúa hablando en nombre de Dios. Pide al grupo que...

• *subraye toda referencia a **David**.*

• *dibuje un triángulo encima de toda referencia al **Señor**, incluyendo Sus pronombres.*

DISCUTE

• ¿Cuáles fueron las consecuencias de la decisión de David al despreciar la Palabra del Señor?

- ¿Fueron otros afectados por el pecado de David? Si es así, escribe quién fue afectado y describe cómo.

- ¿Cómo respondió David al mensaje de Natán, que era de parte de Dios y qué puedes aprender de esto?

- ¿Qué has aprendido acerca de Dios al marcar estos versículos?

- ¿En qué forma podría afectar tu vida y tus decisiones el saber lo que sucedió en este capítulo?

mujeres a plena luz del día.

[12] 'En verdad, tú lo hiciste en secreto, pero Yo haré esto delante de todo Israel y a plena luz del sol.'"

[13] Entonces David dijo a Natán: "He pecado contra el SEÑOR." Y Natán dijo a David: "El SEÑOR ha quitado tu pecado; no morirás.

[14] Sin embargo, por cuanto con este hecho has dado ocasión de blasfemar a los enemigos del SEÑOR, ciertamente morirá el niño que te ha nacido."

FINALIZANDO

La semana pasada vimos lo importante que es tomar decisiones basadas en el conocimiento de la Palabra de Dios. Hemos analizado la tentación que David tuvo y cómo actuó ante ella; una acción que demuestra que él "despreció la Palabra del Señor" (2 Samuel 12:9). Él decidió desobedecer tres de los mandamientos de Dios: "No codiciarás la mujer de tu prójimo", "no cometerás adulterio" y "no matarás".

Estos pecados fueron cometidos en secreto — o al menos eso pensaba David. Sin embargo, Dios lo sabía y decidió revelar la verdad a Israel y al mundo.

¿Has tomado malas decisiones que tú crees que nadie se va a enterar? ¿Estás codiciando la esposa de tu vecino o el esposo de tu vecina? ¿Estás involucrado en pornografía, o en un romance prohibido?

Cuando David fue confrontado por el profeta Natán, él se arrepintió y volvió a Dios. David no sólo se quedó lamentando el haber sido descubierto; Él reconoció su pecado como una ofensa a un Dios santo y se apartó de su mal hacer. Dios en Su misericordia lo libró de la muerte que tenía merecida. Sin embargo, la confesión y el arrepentimiento no podían quitar las severas consecuencias del pecado de David, que no sólo lo afectó a él, sino a su familia y a toda una nación.

Tu pecado, al igual que el de David, tiene la capacidad de destruirte a ti, a tu familia y a tu comunidad. La decisión es tuya. Conoce a Dios, sigue Sus mandamientos y recibe bendición tras bendición. O decide seguir tus propios deseos y sufrir las consecuencias — consecuencias que Dios decidirá, consecuencias que pueden durar toda una vida.

¿Qué pasa si has tomado malas decisiones en tu vida? ¿Significa esto que es demasiado tarde para cambiar? ¿Te harán a un lado, serás olvidado, te sentirás inútil para Dios o para los hombres?

¿Alguna vez luego de haber hecho algo, deseaste la oportunidad de deshacerlo y tener un nuevo comienzo? ¿Hay alguna forma en que puedas decir: "borrón y cuenta nueva"?

El rey David pasó a las crónicas de la historia como un hombre conforme al corazón de Dios. Pero si consideramos lo que sabemos, por nuestros estudios anteriores, acerca de las malas decisiones que tomó y que lo afectaron a él y a muchos a su alrededor (que llevaron a la muerte a uno de sus mejores hombres y a su propio hijo) ¿Cómo podemos reconciliar la desobediencia de David con la opinión de Dios acerca de él?

Esta semana examinaremos el arrepentimiento de David y la gracia y el bondadoso amor de Dios.

OBSERVA

La introducción del Salmo 51 nos da la ocasión en que fue escrito: "Para el director del coro. Salmo de David, cuando después que se llegó a Betsabé, el profeta Natán lo visitó".

Líder: Lee el Salmo 51:1-4 en voz alta. Pide al grupo que haga lo siguiente:

- *Subraye cada pronombre que se refiera a **David**.*
- *Coloque una **P** encima de cada referencia a **pecado, incluyendo transgresiones, maldad y hacer lo malo**.*

Salmos 51:1-4

¹ Ten piedad de mí, oh Dios, conforme a Tu misericordia; Conforme a lo inmenso de Tu compasión, borra mis transgresiones.

² Lávame por completo de mi maldad, y límpiame de mi pecado.

³ Porque yo reconozco mis transgresiones, y mi pecado está siempre delante de mí.

⁴ Contra Ti, contra Ti sólo he pecado, y he hecho lo malo delante de Tus ojos, de manera que eres justo cuando hablas, y sin reproche cuando juzgas.

DISCUTE

• ¿Qué aprendiste al marcar las referencias a David?

OBSERVA

Líder: Lee de nuevo el Salmo 51:1-4. Esta vez, pide al grupo que repita en voz alta las siguientes palabras y que las marque así:

• *Colocando un triángulo encima de cada referencia a **Dios**, incluyendo sus pronombres e inferencias verbales.*

• *Colocando un cuadro alrededor de cada **conforme a**.*

DISCUTE

• ¿Qué aprendiste al marcar las referencias a Dios?

• ¿Qué decisión estaba tomando David? Observa la frase *conforme a* que marcaste y discute en qué se apoya David al pedir a Dios Su gracia y limpieza.

ACLARACIÓN

En la búsqueda por el perdón de sus pecados, David abre su corazón. En este pasaje él utiliza tres palabras para describir el pecado, lo que indica la gravedad de su acción: *transgresiones*, que quiere decir "rebelión"; *iniquidad*, que quiere decir "negocio fraudulento" y *pecado*, que indica errar y extraviarse. En el Nuevo Testamento, *pecado* significa "fallar en dar en el blanco de una diana", fallar de vivir de acuerdo al estándar de Dios.

OBSERVA

Líder: Lee el Salmo 51:5-12 en voz alta. Pide al grupo que diga cada una de las siguientes palabras clave en voz alta y que:
- *Subraye cada pronombre que se refiera a* **David.**
- *Marque la palabra* **pecado** *y sus sinónimos, como se hizo anteriormente.*

Salmos 51:5-12

5 Yo nací en iniquidad, y en pecado me concibió mi madre.

6 Tú deseas la verdad en lo más íntimo, y en lo secreto me harás conocer sabiduría.

7 Purifícame con hisopo, y seré limpio;

lávame, y seré más blanco que la nieve.

8 Hazme oír gozo y alegría, haz que se regocijen los huesos que has quebrantado.

9 Esconde Tu rostro de mis pecados, y borra todas mis iniquidades.

10 Crea en mí, oh Dios, un corazón limpio, y renueva un espíritu recto dentro de mí.

11 No me eches de Tu presencia, y no quites de mí Tu Santo Espíritu.

12 Restitúyeme el gozo de Tu salvación, y sostenme con un espíritu de poder.

DISCUTE

• ¿Qué aprendiste al marcar las referencias a David?

OBSERVA

Líder: Lee de nuevo el Salmo 51:5-12.

• *Esta vez marca cada referencia a Dios con un triángulo, tal como lo has hecho anteriormente.*

DISCUTE

• ¿Qué aprendiste de Dios al marcar las referencias a Él?

• ¿Has descubierto algo nuevo acerca de Dios a lo largo de este salmo? ¿Cómo podría afectar esto tu actitud o relación con Él?

• Al tratar con tu propio pecado, ¿puedes ver la gravedad de lo que has hecho? ¿Te das cuenta que tus acciones han sido en contra de un Dios justo y santo? El saber esto, ¿cómo puede afectar las decisiones que tomes en relación a tu pecado?

• ¿Qué cosas buscó David de Dios (y que cualquier persona, incluyéndote a ti, puede recibir) cuando decidió confesar su pecado?

ACLARACIÓN

David oró pidiendo que el Señor (el gran Sumo Sacerdote) lo limpiara de su pecado. En Levítico 14:1-7 leemos que los impuros, tales como los leprosos, debían presentarse ante el sacerdote para su purificación. El sacerdote, luego de asegurarse de que el impuro cumplía con todos los requisitos para su purificación, mojaba el hisopo (una hierba de olor fragante) en el agua, luego la rociaba en la persona, como un acto simbólico o rito de purificación.

Salmos 51:13-17

¹³ Entonces enseñaré a los transgresores Tus caminos, y los pecadores se convertirán a Ti.

¹⁴ Líbrame de delitos de sangre, oh Dios, Dios de mi salvación, entonces mi lengua cantará con gozo Tu justicia.

¹⁵ Abre mis labios, oh Señor, para que mi boca anuncie Tu alabanza.

¹⁶ Porque Tú no Te deleitas en sacrificio, de lo contrario yo lo ofrecería; No Te agrada el holocausto.

¹⁷ Los sacrificios de Dios son el espíritu contrito; Al corazón contrito y humillado, oh Dios, no despreciarás.

OBSERVA

Líder: Lee el Salmo 51:13-17. Pide al grupo que repita en voz alta y marque cada referencia a:

- *Dios, incluyendo sus pronombres, referencias verbales con un triángulo.*
- *David, subrayándolo.*

DISCUTE

- En los versículos 13-17, ¿qué dijo David que haría como resultado del perdón y restauración de Dios?

- ¿Qué aprendiste al marcar las referencias a *Dios*?

- Según el versículo 17, ¿cuál es el requisito previo para una renovación espiritual?

- ¿Qué crees que Dios quiere decir con "espíritu contrito" y "corazón contrito y humillado"? ¿Cómo se puede ver esto en la vida de una persona?

- Es común escuchar hoy en día a personas decir, "sé que Dios me ha perdonado, pero no puedo perdonarme a mí mismo."

¿Acaso David dijo algo con respecto a perdonarse a sí mismo?

• En ningún lugar de la Biblia se habla de que las personas se perdonen a sí mismas. Según este salmo, ¿por qué no es esto necesario? ¿Qué relación tienen nuestras decisiones con esta situación?

• ¿Alguna vez has tenido la oportunidad, después de haber recibido el perdón y la restauración por las malas decisiones tomadas, de usar esa experiencia para instruir a otros en los caminos de Dios? Toma unos minutos para compartir esto con el grupo.

OBSERVA

Líder: Lee los últimos dos versículos del Salmo 51, en voz alta.

• *Pide al grupo que repita y marque cada referencia a Dios, incluyendo pronombres.*

DISCUTE

• ¿Cuál fue la última petición que David hizo en estos versículos?

Salmos 51:18-19

18 Haz bien con Tu benevolencia a Sion; Edifica los muros de Jerusalén.

19 Entonces Te agradarán los sacrificios de justicia, el holocausto y el sacrificio perfecto; Entonces se ofrecerán novillos sobre Tu altar.

• La semana pasada vimos que el pecado personal puede tener consecuencias de largo alcance. Puede impactar a nuestras familias, iglesias, comunidades y nación. A causa de su pecado, David estaba preocupado por el bienestar de su nación. ¿En qué manera nuestras decisiones personales — moralmente hablando — pueden impactar a toda nuestra nación?

1 Juan 1:9

Si confesamos nuestros pecados, Él es fiel y justo para perdonarnos los pecados y para limpiarnos de toda maldad (iniquidad).

OBSERVA

Antes de finalizar el estudio de esta semana, veamos otro pasaje de la Escritura que nos ayudará a ver cómo la misericordia y gracia de Dios se pueden obtener cuando tomamos malas decisiones.

Líder: Lee 1 Juan 1:9 en voz alta. Pide al grupo que diga en voz alta las siguientes palabras clave y que:

• *Marque cada referencia a **Dios** o **Él** como lo han hecho anteriormente.*

• *Subraye cada referencia a **nuestros** o **nos**.*

ACLARACIÓN

La palabra griega para *confesar* significa "decir lo mismo que", por lo tanto es "estar de acuerdo con" Dios respecto a que lo que has hecho está mal. La palabra para *perdonar* conlleva la idea de "una cancelación de deudas" o "una abolición de cargos". Significa "enviar lejos."

DISCUTE

• ¿Cuál es nuestra responsabilidad en este versículo?

• De acuerdo a este versículo, ¿cuál es la respuesta de Dios a nuestra confesión?

• ¿En base a qué somos perdonados?

• Si has tomado algunas decisiones equivocadas, ¿qué promesa puedes encontrar en este versículo? ¿Puede Dios utilizarte de nuevo? ¿Por qué?

FINALIZANDO

Dios envió al profeta Natán para confrontar a David con su pecado. La reprensión de Natán llegó hasta el fondo del alma de David, dejándolo profunda y dolorosamente consciente del pecado de haber ofendido a Dios, de necesitar desesperadamente de Su gracia. En el Salmo 51 vemos que David puso toda su confianza en la misericordia de Dios; no tenía otra opción.

Tal vez tú, como David, has tomado algunas malas decisiones. ¿Ha traído el Espíritu Santo convicción de tu pecado? Si es así, ¿has visto la gravedad de ello? ¿Te das cuenta de que tu pecado es en contra de un Dios santo y justo? De ser así, ¿qué debes hacer?

1. Confiesa tu pecado. En otras palabras, ponte de acuerdo con Dios en que lo que has hecho está mal.

2. Toma la responsabilidad por ese pecado. No puedes culpar a nadie más. Tú mismo tomaste la decisión de hacer lo que hiciste.

3. Agradece a Dios por la sangre de Jesucristo, que te limpia de todo pecado y acepta por fe Su perdón. (El perdón siempre está basado en la gracia, nunca en obras. Recuerda que el perdón de Dios está basado en Su amor y compasión y no en nuestro mérito).

4. Confía en Dios y Su Palabra. No importando cómo te sientas, aférrate en fe a lo que Dios dice. No permitas que el acusador, Satanás, te prive de tu victoria.

Habiendo hecho estas cosas y con un corazón agradecido por todo lo que Dios ha hecho por ti, usa esta experiencia como una oportunidad para instruir y ministrar a todos aquellos a tu alrededor que también hayan tomado malas decisiones.

El rey Josías, el decimosexto rey de Judá, fue el rey más piadoso de todos los reyes de Israel desde los tiempos de David. Él empezó bien, continuó bien y terminó bien. Él también fue el último rey de Judá que "hizo lo recto ante los ojos del Señor". Examinemos su vida y las decisiones que tomó para ganarse tal reputación.

OBSERVA

Líder: Lee 2 Reyes 22:1-2. Pide al grupo que...

- *Subraye cada referencia a **Josías**, incluyendo los pronombres y referencias verbales.*
- *Dibuje una nube como ésta:* ⟨‿‿‿⟩ *alrededor de cada referencia a **hacer lo recto ante los ojos del Señor**.*

DISCUTE

- ¿Qué aprendiste al marcar las referencias a *Josías*? ¿Quién era él, dónde vivía, qué hizo y cómo era él como persona?

- Aprendiste que el rey David, quien acabamos de estudiar, es mencionado como el padre de Josías. Si Josías caminó como David lo hizo, tal como lo indica este versículo, ¿caminó él de forma correcta o incorrecta? Explica tu respuesta.

2 Reyes 22:1-2

¹ Josías tenía ocho años cuando comenzó a reinar, y reinó treinta y un años en Jerusalén. El nombre de su madre era Jedida, hija de Adaía, de Boscat.

² Hizo lo recto ante los ojos del Señor y anduvo en todo el camino de su padre David; no se apartó ni a la derecha ni a la izquierda.

2 Reyes 21:10-16

[10] Entonces el SEÑOR habló por medio de Sus siervos los profetas:

[11] "Por cuanto Manasés, rey de Judá, ha hecho estas abominaciones, habiendo hecho lo malo más que todo lo que hicieron los Amorreos antes de él, haciendo pecar también a Judá con sus ídolos;

[12] por tanto, así dice el SEÑOR, Dios de Israel: 'Voy a traer tal calamidad sobre Jerusalén y Judá, que a todo el que oiga de ello le retumbarán ambos oídos.

[13] Extenderé sobre Jerusalén el cordel de Samaria y la plomada de la casa de Acab, y limpiaré a Jerusalén

OBSERVA

Josías es mencionado en la genealogía del rey David; sin embargo, su padre biológico fue Amón, el hijo de Manasés. Tal como Josías, tanto Amón como Manasés fueron reyes de Judá en el reino del sur.

Líder: Lee 2 Reyes 21:10-16 en voz alta.
Pide al grupo que haga lo siguiente:
* *Subraye cada referencia a **Manasés.***
* *Dibuje un cuadro encerrando cada referencia a **hacer lo malo ante los ojos del Señor.***

DISCUTE

- Veamos el legado familiar de Josías. ¿Qué aprendiste en este pasaje acerca de Manasés, el abuelo del rey Josías?

como se limpia un plato, limpiándolo y volviéndolo boca abajo.

¹⁴ Abandonaré al remanente de Mi heredad y los entregaré en mano de sus enemigos, y serán para presa y despojo para todos sus enemigos;

¹⁵ porque han hecho lo malo ante Mis ojos, y han estado provocándome a ira desde el día en que sus padres salieron de Egipto, hasta el día de hoy.'"

¹⁶ Además, Manasés derramó muchísima sangre inocente hasta llenar a Jerusalén de un extremo a otro, aparte de su pecado con el que hizo pecar a Judá para que hiciera lo malo ante los ojos del Señor.

2 Reyes 21:18-24

¹⁸ Manasés durmió con sus padres, y fue sepultado en el jardín de su casa, en el jardín de Uza; y su hijo Amón reinó en su lugar.

¹⁹ Amón tenía veintidós años cuando comenzó a reinar, y reinó dos años en Jerusalén. El nombre de su madre era Mesulemet, hija de Haruz, de Jotba.

²⁰ Hizo lo malo ante los ojos del SEÑOR, como había hecho su padre Manasés.

²¹ Pues anduvo en todo el camino en que su padre había andado, sirvió a los ídolos a los que su padre había servido y los adoró.

OBSERVA

Líder: Lee 2 Reyes 21:18-24. Pide al grupo que...

- *Subraye cada referencia a **Amón**, el padre de Josías.*
- *Dibuje un cuadro alrededor de cada referencia a **hacer lo malo ante los ojos del Señor.***

DISCUTE

- ¿Qué aprendiste del texto acerca de Amón?

• Regresando a los últimos dos versículos que leíste acerca de Josías en 2 Reyes 22, ¿qué diferencias ves entre Josías, Amón y Manasés?

• ¿Qué te dice esto acerca del legado de una persona? ¿Tenemos que ser igual a nuestros padres y madres, abuelos y abuelas? o ¿Tenemos la oportunidad de ser diferentes? Explica tu respuesta.

²² Abandonó al Señor, el Dios de sus padres, y no anduvo en el camino del Señor.

²³ Y conspiraron contra él los siervos de Amón y mataron al rey en su casa.

²⁴ Pero el pueblo de la tierra mató a todos los que habían conspirado contra el rey Amón, y en su lugar el pueblo de la tierra hizo rey a su hijo Josías.

2 Crónicas 34:1-8

¹ Josías tenía ocho años cuando comenzó a reinar, y reinó treinta y un años en Jerusalén.

² El hizo lo recto ante los ojos del Señor y anduvo en los caminos de su padre David; no se apartó ni a la derecha ni a la izquierda.

³ Porque en el octavo año de su reinado, siendo aún joven, comenzó a buscar al Dios de su padre David; y en el año doce empezó a purificar a Judá y a Jerusalén de los lugares altos, de las Aseras, de las imágenes talladas y de las imágenes fundidas.

OBSERVA

Algo trascendental sucedió en el año dieciocho del reinado del rey Josías, acerca de lo cual tendremos que leer más adelante en 2 Reyes 22. Pero antes de que lleguemos a eso, debemos aprender acerca de sus primeros años como rey y las decisiones que tomó y que moldearon su reinado.

Líder: Lee 2 Crónicas 34:1-8 en voz alta.
Pide al grupo que...

- *subraye toda referencia a Josías.*
- *dibuje una nube alrededor de cada referencia a hacer lo recto ante los ojos del Señor.*

DISCUTE

- ¿Cuántos años tenía Josías en el versículo 3 y qué decidió hacer en ese momento de su vida?

- ¿Qué aprendiste al marcar las referencias a *Josías*?

- A la luz del tiempo en que vivió Josías, ¿fueron sus decisiones acordes a la sociedad y cultura que lo rodeaban? ¿Cómo lo sabes?

- ¿Cómo se relaciona esto con el tiempo que estamos viviendo actualmente y con las decisiones que tomamos?

[4] Y derribaron en su presencia los altares de los Baales; destrozó los altares del incienso que estaban puestos en alto, encima de ellos; despedazó también las Aseras, las imágenes talladas y las imágenes fundidas y las redujo a polvo, que esparció sobre las sepulturas de los que les habían ofrecido sacrificios.

[5] Entonces quemó los huesos de los sacerdotes sobre sus altares y purificó a Judá y a Jerusalén.

[6] En las ciudades de Manasés, Efraín, Simeón y hasta en Neftalí, y en sus ruinas alrededor,

⁷ derribó también los altares y redujo a polvo las Aseras y las imágenes talladas, y destrozó todos los altares de incienso por todas las tierras de Israel. Después regresó a Jerusalén.

⁸ En el año dieciocho de su reinado, cuando terminó de purificar el país y la casa (el templo), Josías envió a Safán, hijo de Azalía, y a Maasías, un oficial de la ciudad, y a Joa, hijo de Joacaz, escriba, para que repararan la casa (el templo) del Señor su Dios.

• ¿Qué decidió hacer Josías en el año dieciocho de su reinado?

• ¿Cuántos años tenía en ese momento? ¿Por cuántos años había estado sirviendo activamente al Señor?

• ¿Qué aplicación puedes encontrar en la historia de Josías para tu vida? Si trabajas con jóvenes, ¿qué estás haciendo para prepararlos para servir al Señor al igual que Josías? Si eres un joven, ¿qué estás haciendo para servir al Señor?

OBSERVA

Regresemos ahora a 2 Reyes 22 para ver el impacto de las decisiones de Josías. Era aproximadamente el año 622 a.C., año dieciocho del reinado de Josías; quien tenía veintiséis años.

Líder: Lee 2 Reyes 22:3-13 en voz alta y pide al grupo que haga lo siguiente:

- *Dibuje una nube alrededor de cada referencia a la casa del Señor.*
- *Dibuje un cuadro alrededor de cada referencia a el libro de la Ley o el libro.*

ACLARACIÓN

La frase "la casa del Señor" se refiere al templo permanente construido por Salomón, el lugar donde los hijos de Israel debían adorar a Dios. Ellos no debían adorar en ningún otro altar.

DISCUTE

- ¿Qué aprendiste en este pasaje sobre la casa del Señor y la actitud de Israel hacia ella?

2 Reyes 22:3-13

3 Y en el año dieciocho del rey Josías, el rey envió al escriba Safán, hijo de Azalía, de Mesulam, a la casa del SEÑOR, diciéndole:

4 "Ve al sumo sacerdote Hilcías para que cuente el dinero traído a la casa del Señor, que los guardianes del umbral han recogido del pueblo,

5 y que lo pongan en mano de los obreros encargados de supervisar la casa del SEÑOR, y que ellos lo den a los obreros que están asignados en la casa del SEÑOR para reparar los daños de la casa,

⁶ a los carpinteros, a los constructores y a los albañiles, y para comprar maderas y piedra de cantería para reparar la casa.

⁷ Pero no se les pedirá cuenta del dinero entregado en sus manos porque obran con fidelidad."

⁸ Entonces el sumo sacerdote Hilcías dijo al escriba Safán: "He hallado el Libro de la Ley en la casa del Señor." E Hilcías dio el libro a Safán, y éste lo leyó.

⁹ Y el escriba Safán vino al rey, y trajo palabra al rey, diciendo: "Sus siervos han tomado el dinero que se halló en la casa, y lo han

• ¿Qué aprendiste al marcar las referencias al libro de la Ley?

• En la actualidad, ¿encuentras en las iglesias alguna similitud con respecto al libro de la Ley, que estaba perdido en la casa del Señor? Explica tu respuesta.

• ¿Cómo reaccionó Josías al escuchar las palabras del libro de la Ley? Sé específico en los detalles de su reacción.

• Según el versículo 13, ¿cuál era el problema y por qué?

• ¿Cómo respondes tú al escuchar las palabras de la Biblia?

puesto en mano de los obreros encargados de supervisar la casa del Señor."

[10] El escriba Safán informó también al rey: "El sacerdote Hilcías me ha dado un libro." Y Safán lo leyó en la presencia del rey.

[11] Cuando el rey oyó las palabras del Libro de la Ley, rasgó sus vestidos.

[12] Entonces el rey ordenó al sacerdote Hilcías, a Ahicam, hijo de Safán, a Acbor, hijo de Micaías[a], al escriba Safán y a Asaías, siervo del rey:

[13] "Vayan, consulten al Señor por mí, por el pueblo y por todo Judá acerca de las

palabras de este libro que se ha encontrado, porque grande es la ira del Señor que se ha encendido contra nosotros, por cuanto nuestros padres no han escuchado las palabras de este libro, haciendo conforme a todo lo que está escrito de nosotros."

• ¿Qué decisiones estaba tomando Josías en este momento? ¿Por qué las estaba tomando?

---

2 Reyes 22:14-20

[14] Entonces el sacerdote Hilcías, y Ahicam, Acbor, Safán y Asaías fueron a la profetisa Hulda, mujer de Salum, hijo de Ticva, hijo de Harhas, encargado del vestuario. Ella habitaba en Jerusalén en el segundo

OBSERVA

Líder: Lee 2 Reyes 22:14-20. Pide al grupo que haga lo siguiente:

• *Marque cada referencia al **Señor** con un triángulo:* △

• *Dibuje un cuadro alrededor de cada referencia a **el libro:*** ⬜

• *Marque cada referencia a **oído** u **oíste** con un símbolo como una oreja:* ᘒ

DISCUTE
• ¿Qué aprendiste al marcar las referencias al Señor?

OBSERVA
Líder: Lee 2 Reyes 22:14-20 nuevamente.
• *Esta vez pide al grupo que subraye cada referencia a Josías.*

DISCUTE
• ¿Qué promesa le hizo el Señor a Josías, según lo relata la profetisa Hulda? ¿Por qué hizo Dios esta promesa? Sé específico en tu respuesta.

sector, y hablaron con ella.

¹⁵ Y ella les dijo: "Así dice el Señor, Dios de Israel: 'Digan al hombre que los ha enviado a mí:

¹⁶ Así dice el Señor: "Voy a traer mal sobre este lugar y sobre sus habitantes, según todas las palabras del libro que ha leído el rey de Judá.

¹⁷ Por cuanto Me han abandonado y han quemado incienso a otros dioses para provocarme a ira con toda la obra de sus manos, por tanto Mi ira arde contra este lugar y no se apagará.'"

18 "Pero al rey de Judá que los envió a consultar

al Señor, así le dirán: 'Así dice el Señor, Dios de Israel: "En cuanto a las palabras que has oído,

• ¿Qué aprendiste al marcar las referencias al libro? ¿Cómo describirías la importancia de decidir escuchar lo que éste dice?

[19] porque se enterneció tu corazón y te humillaste delante del Señor cuando oíste lo que hablé contra este lugar y contra sus habitantes, que vendrían a ser desolación y maldición, y has rasgado tus vestidos y has llorado delante de Mí, ciertamente te he oído,' declara el Señor.

[20] Por tanto, te reuniré con tus padres y serás recogido en tu sepultura en paz, y tus ojos no verán todo el mal que Yo voy a traer sobre este lugar."'" Y llevaron la respuesta al rey.

• ¿Qué crees que le sucederá a nuestras familias, nuestras iglesias, y a nuestra nación, si decidimos pasar por alto la Palabra de Dios, la Biblia?

OBSERVA

Líder: Lee 2 Reyes 23:1-3. Pide al grupo que haga lo siguiente:

• *Subraye cada referencia a **Josías**.*
• *Marque cada referencia a **el libro**.*
• *Coloque una **P** encima de cada referencia a la palabra **pacto**.*

ACLARACIÓN

Un pacto es un acuerdo solemne, de enlace entre dos partes — una menor y otra mayor, o de la misma condición — en que ambas se comprometen una con la otra bajo ciertas condiciones. Un pacto nunca debe de quebrantarse.

2 Reyes 23:1-3

[1] Entonces el rey mandó reunir con él a todos los ancianos de Judá y Jerusalén.

[2] Y el rey subió a la casa del Señor, y con él todos los hombres de Judá, todos los habitantes de Jerusalén, los sacerdotes, los profetas y todo el pueblo, desde el menor hasta el mayor; y leyó en su presencia todas las palabras del Libro del Pacto que había sido hallado en la casa del Señor.

³ Después el rey se puso en pie junto a la columna e hizo pacto delante del Señor de andar en pos del Señor y de guardar Sus mandamientos, Sus testimonios y Sus estatutos con todo su corazón y con toda su alma, para cumplir las palabras de este pacto escritas en este libro. Y todo el pueblo confirmó el pacto.

DISCUTE

• ¿Qué aprendiste al marcar las referencias al Rey Josías? ¿A dónde fue y qué hizo?

• ¿Qué promesas se hicieron como parte del pacto?

• ¿Qué eligió hacer el pueblo?

• ¿Qué decisiones has tomado tú con respecto a la Palabra de Dios? ¿Has considerado por completo las ramificaciones de tu decisión?

FINALIZANDO

Manasés, el abuelo de Josías, fue el peor de todos los reyes de Judá. Él hizo lo malo ante los ojos del Señor y construyó altares a dioses ajenos en la casa del Señor. Amón, padre de Josías, también abandonó al Señor y siguió el camino de pecado de su propio padre.

Cuando Josías fue confrontado con la verdad de la Palabra de Dios a una edad temprana, él tuvo que tomar una decisión. Podía continuar en los caminos que su padre y su abuelo habían tomado, sin escuchar las palabras del libro, o romper el ciclo de pecado. Él podía seguir y obedecer todo lo que estaba escrito en el libro.

¿Cuál fue la decisión de Josías? Se humilló ante el Señor y actuó, con un corazón enternecido por la Palabra de Dios. Como resultado, él tuvo el privilegio de guiar a su pueblo en un gran avivamiento.

¿Y qué de ti? ¿Es tu corazón sensible? ¿Estás dispuesto a humillarte ante el Señor y romper el ciclo de pecado en tu familia, iglesia, comunidad y nación? Tal vez piensas que eres demasiado joven — o quizá demasiado viejo. Pero hemos visto que Dios honrará un corazón sensible sin importar la edad.

¿Harás un pacto delante del Señor de caminar en pos de Él y cumplir Sus mandamientos? ¿Estás dispuesto a "derribar" (denunciar) los lugares altos y exhortar a otros a volverse de sus dioses falsos y dirigirse al único Dios verdadero? ¿Y qué si el escoger este camino significa ir en contra de la cultura de estos tiempos, o mantenerte firme contra tus semejantes y parientes por el bien de lo que es recto, puro y bueno? ¿Estás dispuesto a ser el vaso que el Señor usará hoy para traer un gran avivamiento?

¿Cómo reaccionas cuando te enfrentas con la tentación? ¿Cómo decides qué hacer? Una manera de aprender a tomar decisiones sabias es examinando los ejemplos de aquellas personas que han vivido antes de nosotros. Veremos la primera decisión tomada por el primer ser humano cuando fue confrontado con la tentación. Luego observaremos cómo enfrentó Jesús las tentaciones. ¿En qué basó Él Sus respuestas y cómo difieren éstas de las decisiones tomadas por Adán y Eva?

OBSERVA

Para examinar la primera decisión tomada por un ser humano frente a la tentación, debemos leer Génesis 2.

Líder: Lee Génesis 2:15-17. Pide al grupo que haga lo siguiente:

- *Subraye cada referencia a **hombre**.*
- *Coloque un símbolo en forma de lápida encima de la palabra **morirás**, de esta forma:* ⌂

DISCUTE

- El hombre a quien Dios le hablaba era Adán, el hombre que Él creó del polvo de la tierra. ¿Qué aprendiste al marcar las referencias al hombre?

Génesis 2:15-17

¹⁵ El SEÑOR Dios tomó al hombre y lo puso en el huerto del Edén para que lo cultivara y lo cuidara.

¹⁶ Y el SEÑOR Dios ordenó al hombre: "De todo árbol del huerto podrás comer,

¹⁷ pero del árbol del conocimiento (de la ciencia) del bien y del mal no comerás[o], porque el día que de él comas, ciertamente morirás."

- El hombre y Dios vivían en perfecta comunión. Pero, una sola cosa le estaba prohibida al hombre. ¿Cuál era?

- ¿Le fue dada al hombre una elección con respecto a su relación con Dios? ¿Cuál era?

- ¿Habían consecuencias ligadas a su elección? ¿Se le expresó esto con claridad? Explica tu respuesta.

Génesis 3:1-6

¹ La serpiente era más astuta que cualquiera de los animales del campo que el SEÑOR Dios había hecho. Y dijo a la mujer: "¿Conque Dios les ha dicho: 'No comerán de ningún árbol del huerto'?"

² La mujer respondió a la serpiente: "Del fruto de los árboles del huerto podemos comer;

OBSERVA

Como hemos visto, Dios colocó a Adán — y a Eva, su esposa — en un jardín llamado el huerto del Edén, según Génesis 3:23. Ellos vivían en libertad, teniendo una única restricción. Suena bastante sencillo, ¿no lo crees? Veamos cómo respondieron y actuaron.

Líder: *Lee Génesis 3:1-6. Pide al grupo que haga lo siguiente:*
- *Subraye cada referencia a la **mujer**.*
- *Dibuje un tridente encima de cada referencia a la **serpiente**, como éste:* Ψ
- *Coloque una lápida encima de toda referencia a **morir**, como lo hicieron anteriormente:* ⌂

DISCUTE

• ¿Qué aprendiste al marcar las referencias a la serpiente?

• ¿Qué aprendiste al marcar las referencias a la mujer?

• ¿Con qué se vio enfrentada la mujer en estos versículos?

• ¿Conocía ella las consecuencias de su decisión?

• ¿Cómo reaccionó ella?

• Haz un círculo alrededor de todos los verbos, mencionados en el versículo 6, que se refieran directamente a la mujer. ¿Puedes ver alguna similitud entre las acciones que la llevaron a pecar y las acciones que llevaron a pecar al rey David? (Revisa la primera semana). Si es así, descríbelas.

³ pero del fruto del árbol que está en medio del huerto, Dios ha dicho: 'No comerán de él, ni lo tocarán, para que no mueran.'"

⁴ Y la serpiente dijo a la mujer: "Ciertamente no morirán.

⁵ Pues Dios sabe que el día que de él coman, se les abrirán los ojos y ustedes serán como Dios, conociendo el bien y el mal."

⁶ Cuando la mujer vio que el árbol era bueno para comer, y que era agradable a los ojos, y que el árbol era deseable para alcanzar sabiduría, tomó de su fruto y comió. También dio a su marido que estaba con ella, y él comió.

Lucas 4:1-13

¹ Jesús, lleno del Espíritu Santo, volvió del Jordán y fue llevado por el Espíritu en el desierto

² por cuarenta días, siendo tentado por el diablo. Y no comió nada durante esos días, pasados los cuales tuvo hambre.

³ Entonces el diablo Le dijo: "Si eres Hijo de Dios, dile a esta piedra que se convierta en pan."

⁴ Jesús le respondió: "Escrito está: 'No solo de pan vivirá el hombre.'"

⁵ El diablo Lo llevó a una altura, y Le mostró

OBSERVA

Líder: Lee Lucas 4:1-13 en voz alta. Pide al grupo que haga lo siguiente:

- *Marque cada referencia a Jesús, incluyendo pronombres y referencias verbales, con una cruz:* ✝
- *Coloque un tridente encima de cada referencia a el diablo:* Ψ
- *Encierre con un rectángulo las frases "escrito está" y "se ha dicho":*

DISCUTE

- ¿Qué aprendiste al marcar las referencias a *Jesús* en este pasaje?

- ¿Qué aprendiste al marcar las referencias a *el diablo*?

- ¿Qué pretendía el diablo hacerle a Jesús? ¿Le había hecho esto a alguien antes? ¿Quién fue el primero?

OBSERVA

Líder: *Lee el pasaje completo una vez más. Esta vez pide al grupo que...*

- *enumere las tentaciones que el diablo le puso. Luego discute cada tentación, asegurándote de hablar sobre la respuesta que Jesús dio en cada oportunidad.*

DISCUTE

- ¿Cómo cambió el diablo su táctica en la tercera tentación? Y ¿por qué?

- ¿Cómo respondió Jesús a esto?

- Según el versículo 13, ¿se dio por vencido el diablo al tratar de seguir tentando a Jesús? ¿Cuándo volvería Jesús a ser tentado?

en un instante todos los reinos del mundo.

6 "Todo este dominio y su gloria Te daré," Le dijo el diablo; "pues a mí me ha sido entregado, y a quien quiero se lo doy.

7 Por tanto, si Te postras delante de mí (me adoras), todo será Tuyo."

8 Jesús le respondió: "Escrito está: 'Al Señor tu Dios adorarás, y a Él solo servirás.'"

9 Entonces el diablo Lo llevó a Jerusalén y Lo puso sobre el pináculo del templo, y Le dijo: "Si eres Hijo de Dios, lánzate abajo desde aquí,

10 pues escrito está: 'A Sus angeles Te encomendará para que Te guarden,'

[11] y: 'en las manos Te llevarán, para que Tu pie no tropiece en piedra.'"

[12] Jesús le respondió: "Se ha dicho: 'No tentarás al Señor tu Dios.'"

[13] Cuando el diablo hubo acabado toda tentación, se alejó de Él esperando un tiempo oportuno.

• ¿Qué aprendiste al comparar la forma en que Eva respondió a la tentación del diablo con la forma en que Jesús lo enfrentó? ¿Por qué uno tuvo éxito y la otra fracasó? Recuerda, la Biblia dice que Jesús fue un hombre tentado en todas las formas en que nosotros también somos tentados.

• ¿Hay algo que aprendiste en manera personal, en estos dos últimos pasajes, respecto a la tentación y la toma de decisiones? Si es así, describe cómo te guiará esto en el futuro.

OBSERVA

Jesús obviamente consideraba la Palabra de Dios como parte importante cuando tomaba Sus decisiones. Veamos lo que Pablo dijo acerca de la Palabra de Dios.

Líder: Lee 2 Timoteo 3:16-17 en voz alta.
Pide al grupo que:
- *Marque cada referencia a **Dios** con un triángulo:* △
- *Coloque un rectángulo alrededor de Escritura:* ☐

2 Timoteo 3:16-17

[16] Toda Escritura es inspirada por Dios y útil para enseñar, para reprender, para corregir, para instruir en justicia,

[17] a fin de que el hombre de Dios sea perfecto (apto), equipado para toda buena obra.

ACLARACIÓN

Inspirada, significa literalmente "soplada por Dios." Toda la Escritura es inspirada por Dios y es útil, lo que quiere decir que es "provechosa, de utilidad, o para nuestro beneficio".

DISCUTE

- ¿De dónde viene la Escritura y cuál es su propósito?

- Según este pasaje, ¿cuánto de la Escritura es inspirada?

ACLARACIÓN

Enseñar significa "dar instrucción". Esto incluye el acto de enseñar e impartir conocimiento. *Reprender* significa "convicción", revelar dónde estamos actuando mal. *Corregir* significa "colocar rectamente". En otras palabras, la Escritura nos instruye, nos imparte la verdad y nos demuestra dónde estamos mal — pero no nos deja allí. La Escritura nos corrige y luego nos continúa entrenando en rectitud, lo cual quiere decir que la Palabra de Dios nos capacita para saber qué es lo bueno y qué es lo malo y cómo vivir de una manera que agrade a Dios.

• Enumera cada uno de los beneficios de la Escritura mencionados en este pasaje, en otras palabras, los usos para los cuales es "provechosa". Luego discute cómo cada uno de estos beneficios te puede ayudar en el proceso de tomar decisiones.

• Si conoces la Palabra de Dios y permites que ella obre en ti, entonces ¿cuál según el versículo 17, será el resultado final?

OBSERVA

Como hemos visto al estudiar 2 Timoteo 3:16-17, la Palabra de Dios tiene el claro propósito de guiarnos a tomar decisiones sabias. Ella debe ser un recurso atesorado por toda persona que desee seguir a Dios; sin embargo, ¿cuántos de nosotros nos negamos a estudiarla y a meditar en sus verdades?

Veamos el Salmo 119, para aprender cuál debería ser nuestra actitud con respecto a la Palabra de Dios.

Líder: Lee el Salmo 119:97-104 en voz alta. Pide al grupo que diga en voz alta las siguientes palabras y que las marque como se indica:

- *Subrayando todo pronombre tal como: **mi**, **me**, **míos**, que se refieran al salmista.*
- *Colocando un triángulo encima de cada referencia a **Dios**, incluyendo **Tu** y **Tus**.*

DISCUTE

- Empezando con el versículo 97, lee todo el salmo una vez más y escribe lo que aprendiste al marcar cada referencia al salmista.

Salmos 119:97-104

97 ¡Cuánto amo Tu ley! Todo el día es ella mi meditación.

98 Tus mandamientos me hacen más sabio que mis enemigos, porque son míos para siempre.

99 Tengo más discernimiento que todos mis maestros, porque Tus testimonios son mi meditación.

100 Entiendo más que los ancianos, porque Tus preceptos he guardado.

101 De todo mal camino he refrenado mis pies, para guardar Tu palabra.

102 No me he desviado de Tus ordenanzas, porque Tú me has enseñado.

[103] ¡Cuán dulces son a mi paladar Tus palabras!, sí, más que la miel a mi boca.

[104] De Tus preceptos recibo entendimiento, por tanto aborrezco todo camino de mentira.

• De acuerdo a lo que hemos visto en este salmo, ¿cómo el conocer la Palabra de Dios afectará las decisiones que tomes?

• ¿Es posible tomar decisiones que te mantengan alejado del camino malo y del sendero de la destrucción? Explica tu respuesta.

FINALIZANDO

Esta semana vimos que Eva, en el momento de enfrentar la tentación que la serpiente le ofreció, tomó su decisión basada en el deseo de la carne y no en la Palabra de Dios. La serpiente le presentó la verdad "mezclada con la mentira". Ella le creyó a la serpiente en lugar de creerle a Dios. Las consecuencias de su decisión se sufrirán hasta la segunda venida del Señor.

En contraste, Jesús, bajo el control del Espíritu Santo, basó Su respuesta a la tentación en la Palabra de Dios. Él no permitió que Sus necesidades físicas o emocionales influyeran en Su decisión. En lugar de eso, Él se dirigió a lo que sabía que era verdad — la Palabra de Dios — y así triunfó sobre el enemigo.

Al enfrentarte con la tentación, ¿a quién le creerás? ¿Cómo sabrás si estás haciendo lo correcto o lo incorrecto? ¿Cómo sabrás qué decisiones debes tomar? Hemos visto en los pasajes durante esta semana lo importante que es la Palabra de Dios a la hora de tomar decisiones. El salmista también nos demostró que no es suficiente únicamente "saber" lo que la Palabra de Dios dice; la victoria verdadera sólo puede llegar a través de la meditación en la Palabra de Dios y de Su atesoramiento en nuestro corazón.

Cuando somos confrontados con la verdad de la Palabra, tenemos una decisión que tomar. Podemos aceptarla o rechazarla. Aceptar la Palabra de Dios como verdadera puede significar tener que ajustar nuestra forma de pensar, nuestras respuestas, reacciones y estilo de vida para alinearlas con lo que la Palabra dice.

Es alentador leer la Palabra de Dios y darnos cuenta de que la estamos viviendo en nuestro diario vivir. No obstante, si elegimos rechazarla, sufriremos las consecuencias de nuestra desobediencia. Puedes pensar que estas consecuencias serán temporales, pequeñas e insignificantes, y que te afectarán sólo a ti. Pero la verdad es que pueden acarrearte destrucción total en tu vida, en la vida de tu familia y en el mundo que te rodea, con resultados que pueden durar toda una vida.

La decisión es tuya. ¿Qué es lo que harás? ¿A quién recurrirás cuando te enfrentes a una tentación? Cuando tus emociones estén descontroladas, ¿cómo reaccionarás? ¡El estar en este estudio es un paso en la dirección correcta!

SEXTA SEMANA

Esta semana vamos a comprobar que si verdaderamente somos hijos de Dios, no estamos solos en el momento de tomar decisiones. Dios no sólo nos dio Su Palabra para mostrarnos qué decisiones tomar, sino también, nos dio el Consolador, para asegurarnos tomar las decisiones correctas. Él nos capacita para tomar decisiones sabias. Analicemos el papel que el Consolador desempeña en nuestras decisiones.

OBSERVA

Su maestro les dijo que Él se iría y que regresaría con el Padre. ¿Qué debían hacer los discípulos? Durante los tres años y medio que habían pasado juntos, Jesús enseñó e instruyó a los doce; ahora su maestro les sería quitado. ¿Cómo sabrían que hacer, cómo seguir adelante sin Él? Escucha la promesa de Jesús — una promesa que no fue sólo para ellos, sino también para cada persona que elija creer en Jesucristo y seguirlo.

Líder: Lee Juan 14:26 y 16:13-14 en voz alta.

- *Pide al grupo que diga en voz alta y marque cada referencia al **Espíritu Santo**, incluyendo todos los sinónimos, referencias verbales y pronombres, con una nube:* ᑐ

Juan 14:26

Pero el Consolador (Intercesor), el Espíritu Santo, a quien el Padre enviará en Mi nombre, Él les enseñará todas las cosas, y les recordará todo lo que les he dicho.

Juan 16:13-14

[13] Pero cuando Él, el Espíritu de verdad venga, los guiará a toda la verdad, porque no hablará por Su propia cuenta, sino que hablará todo lo que oiga, y les hará saber lo que habrá de venir.

14 El Me glorificará, porque tomará de lo Mío y se lo hará saber a ustedes.

ACLARACIÓN

La palabra Griega traducida "Consolador" en Juan 14:26 es *parakletos*, una persona que es llamada para auxiliar a alguien. El término se refiere a un consejero, un defensor legal, un mediador o intercesor. Este Consolador dirigirá las decisiones de los discípulos y los aconsejará continuamente.

DISCUTE

- Según Juan 14:26, ¿quién es el Consolador al que se refería Jesús?

- ¿Qué aprendiste acerca del Consolador en estos versículos? ¿Quién es Él? ¿De dónde vino? ¿Qué hizo? ¿Cuál fue Su papel con los discípulos?

OBSERVA

Uno de los muchos papeles del Espíritu Santo es el enseñar. Él instruye internamente y trae a la memoria las verdades que Jesús enseñó. El Espíritu, por lo tanto, retiene los mandamientos de Jesús en las mentes de Sus seguidores y los usa para que puedan obedecer. Es muy emocionante el saber que Dios no te ha dejado solo, al contrario, Él te ha dado un Consolador, Uno que ha venido en tu auxilio y que dirigirá tus decisiones y te aconsejará continuamente.

Algo aún mas extraordinario es que nosotros como creyentes no tenemos que esperar a que el Espíritu venga a nosotros; Él ya está aquí, presente con nosotros en este momento. Examinemos dónde es que Él está.

Líder: Lee en voz alta Juan 14:16-17 y 1 Corintios 3:16 y 6:19.

- *Pide al grupo que diga en voz alta y marque **Espíritu Santo**, incluyendo pronombres, referencias verbales y sinónimos como **Consolador** y **Espíritu de verdad**, con una nube:* ⌣⌢

Juan 14:16-17

[16] Entonces Yo rogaré al Padre, y Él les dará otro Consolador (Intercesor) para que esté con ustedes para siempre;

[17] es decir, el Espíritu de verdad, a quien el mundo no puede recibir, porque ni Lo ve ni Lo conoce, pero ustedes sí Lo conocen porque mora con ustedes y estará en ustedes.

1 Coríntios 3:16

¿No saben que ustedes son templo de Dios y que el Espíritu de Dios habita en ustedes?

1 Corintios 6:19

¿O no saben que su cuerpo es templo del Espíritu Santo que está en ustedes, el cual tienen de Dios, y que ustedes no se pertenecen a sí mismos?

DISCUTE

• Juan 14:16-17 registra el diálogo que Jesús sostuvo con Sus discípulos poco antes de Su muerte. ¿Cuál fue Su promesa en estos versículos con respecto al Espíritu Santo?

• En los versículos de 1 Corintios, el apóstol Pablo les escribía a los cristianos que vivían en Corinto. ¿Qué les recordaba en relación al Espíritu Santo?

• Resume lo que aprendiste en los versículos en Juan y en 1 Corintios, con respecto a la relación entre el creyente y el Espíritu Santo.

OBSERVA

¿No es esto emocionante? El Espíritu de Dios estará en ti y en mí para siempre, guiándonos y enseñándonos. No tenemos que llamar, ni hacer una cita; no tenemos que esperar Su llegada para poder tomar una decisión.

Hemos visto en los pasajes anteriores cómo Dios ha demostrado Su amor para con nosotros, ayudándonos a salir adelante en nuestro andar con Él por medio de la maravillosa provisión de enviarnos Su Espíritu Santo. El Espíritu de Dios habita en nosotros para siempre, guiándonos y enseñándonos en los caminos de verdad y rectitud en todo lo que hagamos. Por lo tanto, ya no tenemos que tomar decisiones por nuestra propia cuenta..

Pero, ¿cuál es nuestra responsabilidad en todo esto? Veamos lo que el libro de Gálatas nos responde en cuanto a esta pregunta.

Líder: Lee Gálatas 5:16-18. Pide al grupo que diga en voz alta y marque...
- *Cada referencia a **el Espíritu** con una nube:*
- *Cada referencia a **la carne** con una línea inclinada, como ésta: /*

Gálatas 5:16-18

16 Digo, pues: anden por el Espíritu, y no cumplirán el deseo de la carne.

17 Porque el deseo de la carne es contra el Espíritu, y el del Espíritu es contra la carne, pues éstos se oponen el uno al otro, de manera que ustedes no pueden hacer lo que deseen.

18 Pero si son guiados por el Espíritu, no están bajo la Ley.

ACLARACIÓN

La palabra *anden* en este pasaje significa "comportamiento, comportarse, estilo de vida". El verbo Griego está en tiempo presente, indicando así una acción continua y habitual.

DISCUTE

- ¿Qué aprendiste al marcar las referencias al Espíritu?

- De acuerdo con este pasaje, ¿quién es el responsable de nuestras decisiones y comportamiento? Explica tu respuesta.

- Si el Espíritu Santo te está guiando, ¿cómo afectará Su presencia las decisiones que tomes?

OBSERVA

¿Cómo pueden las personas determinar si están o no andando en el Espíritu? Veamos qué podemos aprender en Gálatas 5.

Líder: Lee Gálatas 5:19-21 en voz alta.
Pide al grupo que diga y marque...

- *la carne* con una línea inclinada, como lo hicieron antes.
- *el Espíritu* con una nube.

Líder: Lee de nuevo el texto y pide al grupo que enumere las obras de la carne.

DISCUTE

- ¿Con qué clase de pecados se relacionan las primeras tres obras de la carne?

- Discute cómo afectará el saber esto las decisiones que tomes con respecto a las cosas que lees, miras, oyes y usas para vestir.

- ¿Cómo afectará el saber esto tu forma de hablar y tus relaciones con los demás?

Gálatas 5:19-21

19 Ahora bien, las obras de la carne son evidentes, las cuales son: inmoralidad, impureza, sensualidad,

20 idolatría, hechicería, enemistades, pleitos, celos, enojos, rivalidades, disensiones, herejías,

21 envidias, borracheras, orgías y cosas semejantes, contra las cuales les advierto, como ya se lo he dicho antes, que los que practican tales cosas no heredarán el reino de Dios.

- La cuarta y quinta obra de la carne se relacionan con pecados en cuanto a la religión. ¿Cuáles son?

ACLARACIÓN

La idolatría no sólo se refiere a estatuas y dioses falsos, sino también, a todo aquello que para ti es más importante que tu andar con Dios.

- ¿Qué tipo de cosas pueden llegar a ser ídolos en tu vida?

- Basado en este pasaje y en tu conocimiento de la Palabra de Dios, ¿qué decisiones se deben tomar con respecto a las líneas telefónicas psíquicas, tablas ouija, horóscopos y cualquier cosa semejante? ¿Es aceptable la "magia blanca"? ¿Qué de la celebración del día de las brujas (Halloween), de las cartas del tarot, wicca? Si estas cosas involucran algún tipo de hechicería, ¿pueden formar parte de la vida de un creyente? ¿Te guiará el Espíritu de Dios a estas cosas?

- El tercer grupo de obras de la carne (de la sexta a la decimotercera) está asociado con nuestras relaciones interpersonales. Algunos le llaman a estas obras "ofensas sociales". Discute cada una de ellas y cómo afectan las decisiones que tomas. Por ejemplo, los enfados en la carretera debido a una acción peligrosa de un conductor imprudente y cosas semejantes a ésta, nos indican que el enojo es uno de los mayores problemas de nuestros días. Según este pasaje, ¿es aceptable tener arranques de enojo en contra de alguien? ¿Qué si las acciones de alguien te provocan enfado?

• Discute las últimas dos obras de la carne, en la lista. ¿Cuáles son y cómo impactan las vidas de otros y las decisiones que tomamos? ¿Cubre esta lista todas las obras de la carne? Explica tu respuesta según lo que ves en el texto.

ACLARACIÓN

La palabra traducida *practican* está en tiempo presente en el griego. Quiere decir una acción continua y *habitual* de las obras de la carne y no acciones aisladas. De ninguna manera significa que un cristiano que cae en un pecado en particular pierde su salvación. El fuerte contraste demuestra que la práctica continua de tales pecados da evidencia de nunca haber recibido al Espíritu de Dios.

• Según el versículo 21, ¿qué les sucederá a aquellos que practican estas cosas?

Gálatas 5:22-25

²² Pero el fruto del Espíritu es amor, gozo, paz, paciencia, benignidad, bondad, fidelidad,

²³ mansedumbre, dominio propio; contra tales cosas no hay ley.

²⁴ Pues los que son de Cristo Jesús han crucificado la carne con sus pasiones y deseos.

²⁵ Si vivimos por el Espíritu, andemos también por el Espíritu.

OBSERVA

Líder: *Pide al grupo que lea Gálatas 5:22-25 en voz alta. Una vez más pide que marquen...*

• *la carne con una línea inclinada.*
• *el Espíritu con una nube.*

DISCUTE

• La palabra *mas* señala un contraste. ¿Qué se está contrastando en este pasaje?

• En el versículo 22, ¿qué te dice el verbo "es", en el singular, acerca del fruto del Espíritu?

• ¿Cuántos aspectos del fruto del Espíritu hay? Dilos en voz alta al unísono y numéralos.

• ¿Cuál es el fruto del Espíritu y qué hace posible que los creyentes tengan este fruto evidenciado en sus vidas? Para responder esta pregunta, mira cada lugar en que marcaste *Espíritu*.

- ¿Cómo te ayudará conocer acerca del fruto del Espíritu para la toma de decisiones cuando te enfrentes con circunstancias difíciles? ¿Es posible tener gozo, paz y paciencia? ¿Cómo?

- ¿Cómo te puede ayudar el saber estas verdades con las decisiones que vas a tomar con respecto a tus relaciones con otros? Por ejemplo, ¿cómo le respondes a una persona que constantemente está "provocándote"?

- ¿Cómo afectará el saber que el dominio propio es un fruto del Espíritu, tus decisiones con respecto a los deseos sexuales, la forma en que comes, el tiempo que "navegas en internet", lo que decides ver, en qué participar, o el tiempo que dedicas a los juegos de video?

FINALIZANDO

De acuerdo a Efesios 1:13-14, todo creyente tiene al Espíritu de Dios morando en él. El Espíritu Santo está presente para dirigir tus decisiones y aconsejarte continuamente. Él te enseña y te recuerda las cosas que el Señor ha dicho. Él mora en ti y glorifica a Dios. Ya no tienes que tomar decisiones por tu propia cuenta; Él te guiará y dirigirá — si tú escuchas. Como hemos visto, la victoria viene cuando obedeces la guía del Espíritu y la Palabra de Dios. El fracaso es el resultado de no meditar consistentemente en la Palabra y no escuchar al Espíritu Santo. Las decisiones fluyen de los puntos de vista y los puntos de vista fluyen de cualquier cosa con que alimentemos nuestras mentes.

Recuerda que Jesús conocía la Palabra de Dios y que se aferró a ella cuando enfrentó la tentación y que como resultado Dios lo bendijo a Él y a nosotros. David, sin embargo, conocía la Palabra de Dios, pero decidió ignorarla y seguir sus propios deseos. Las consecuencias fueron trágicas.

Dios te ha dado los recursos que necesitas: la Palabra y el Espíritu Santo. La decisión es tuya. ¿Caminarás según la Palabra de Dios, guiado por el Espíritu? O, ¿decidirás hacer caso omiso a la guía del Espíritu y seguir tus deseos carnales?

Si decides pecar, recuerda que no puedes elegir hacia dónde te llevará el pecado. Una decisión que en el momento puede ser gratificante para tu deseo carnal, puede traerte consecuencias que durarán toda una vida; peor aún, hasta traer tu muerte o de las personas que amas.

¡Por otro lado, amigo, si decides caminar de acuerdo a la Palabra, guiado por el Espíritu, Dios te bendecirá más de lo que jamás podrías imaginar!

Esta singular serie de estudios bíblicos del equipo de enseñanza de Ministerios Precepto Internacional, aborda temas con los que luchan las mentes investigadoras; y lo hace en breves lecciones muy fáciles de entender e ideales para reuniones de grupos pequeños. Estos cursos de estudio bíblico, de la serie 40 minutos, pueden realizarse siguiendo cualquier orden. Sin embargo, a continuación te mostramos una posible secuencia a seguir:

¿Cómo Sabes que Dios es Tu Padre?

Muchos dicen: "Soy cristiano"; pero, ¿cómo pueden saber si Dios realmente es su Padre—y si el cielo será su futuro hogar? La epístola de 1 Juan fue escrita con este propósito—que tú puedas saber si realmente tienes la vida eterna. Éste es un esclarecedor estudio que te sacará de la oscuridad y abrirá tu entendimiento hacia esta importante verdad bíblica.

Cómo Tener una Relación Genuina con Dios

A quienes tengan el deseo de conocer a Dios y relacionarse con Él de forma significativa, Ministerios Precepto abre la Biblia para mostrarles el camino a la salvación. Por medio de un profundo análisis de ciertos pasajes bíblicos cruciales, este esclarecedor estudio se enfoca en dónde nos encontramos con respecto a Dios, cómo es que el pecado evita que lo conozcamos y cómo Cristo puso un puente sobre aquel abismo que existe entre los hombres y su Señor.

Ser un Discípulo: Considerando Su Verdadero Costo

Jesús llamó a Sus seguidores a ser discípulos. Pero el discipulado viene con un costo y un compromiso incluido. Este estudio da una mirada inductiva a cómo la Biblia describe al discípulo, establece las características de un seguidor de Cristo e invita a los estudiantes a aceptar Su desafío, para luego disfrutar de las eternas bendiciones del discipulado.

¿Vives lo que Dices?

Este estudio inductivo de Efesios 4 y 5, está diseñado para ayudar a los estudiantes a que vean por sí mismos, lo que Dios dice respecto al estilo de vida de un verdadero creyente en Cristo. Este estudio los capacitará para vivir de una manera digna de su llamamiento; con la meta final de desarrollar un andar diario con Dios, caracterizado por la madurez, la semejanza a Cristo y la paz.

Viviendo Una Vida de Verdadera Adoración

La adoración es uno de los temas del cristianismo peor entendidos; este estudio explora lo que la Biblia dice acerca de la adoración: ¿qué es? ¿Cuándo sucede? ¿Dónde ocurre? ¿Se basa en las emociones? ¿Se limita solamente a los domingos en la iglesia? ¿Impacta la forma en que sirves al Señor? Para éstas y más preguntas, este estudio nos ofrece respuestas bíblicas novedosas.

Descubriendo lo que Nos Espera en el Futuro

Con todo lo que está ocurriendo en el mundo, las personas no pueden evitar cuestionarse respecto a lo que nos espera en el futuro. ¿Habrá paz alguna vez en la tierra? ¿Cuánto tiempo vivirá el mundo bajo la amenaza del terrorismo? ¿Hay un horizonte con un solo gobernante mundial? Esta fácil guía de estudio conduce a los lectores a través del importante libro de Daniel; libro en el que se establece el plan de Dios para el futuro.

Cómo Liberarse de los Temores

La vida está llena de todo tipo de temores que asaltan tu mente, angustian tu alma y te traen estrés innecesario. Pero no tienes por qué permanecer cautivo de tus temores. En este estudio de seis semanas aprenderás cómo enfrentar tus circunstancias con fuerza y valentía viviendo en el temor del Señor – el temor que vence todos los demás temores y te libera para vivir caminando en fe.

Dinero y Posesiones: La Búsqueda del Contentamiento

Nuestra actitud hacia el dinero y las posesiones reflejará la calidad de nuestra relación con Dios. Y, de acuerdo con las Escrituras, nuestra visión del dinero nos muestra dónde está descansando nuestro verdadero amor. En este estudio, los lectores escudriñarán las Escrituras para aprender de dónde proviene el dinero, cómo se supone que debemos manejarlo y cómo vivir una vida abundante, sin importar su actual situación financiera.

Cómo puede un Hombre Controlar Sus Pensamientos, Deseos y Pasiones

Este estudio capacita a los hombres con la poderosa verdad de que Dios ha provisto todo lo necesario para resistir la tentación; y lo hace, a través de ejemplos de hombres en las Escrituras, algunos de los cuales cayeron en pecado y otros que se mantuvieron firmes. Aprende cómo escoger el camino de pureza, para tener la plena confianza de que, a través del poder del Espíritu Santo y la Palabra de Dios, podrás estar algún día puro e irreprensible delante de Dios.

Viviendo Victoriosamente en Tiempos de Dificultad

Vivimos en un mundo decadente, poblado por gente sin rumbo y no podemos escaparnos de la adversidad y el dolor. Sin embargo, y por alguna razón, los difíciles tiempos que se viven actualmente son parte del plan de Dios y sirven para Sus propósitos. Este valioso estudio ayuda a los lectores a descubrir cómo glorificar a Dios en medio del dolor; al tiempo que aprenden cómo encontrar gozo aún cuando la vida parezca injusta y a conocer la paz que viene al confiar en el Único que puede brindar la fuerza necesaria en medio de nuestra debilidad.

Edificando un Matrimonio que en Verdad Funcione

Dios diseñó el matrimonio para que fuera una relación satisfactoria y realizadora; creando a hombres y mujeres para que ellos—juntos y como una sola carne—pudieran reflejar Su amor por el mundo. El matrimonio, cuando es vivido como Dios lo planeó, nos completa, nos trae gozo y da a nuestras vidas un fresco significado. En este estudio, los lectores examinarán el diseño de Dios para el matrimonio y aprenderán cómo establecer y mantener el tipo de matrimonio que trae gozo duradero.

El Perdón: Rompiendo el Poder del Pasado

El perdón puede ser un concepto abrumador, sobre todo para quienes llevan consigo profundas heridas provocadas por difíciles situaciones de su pasado. En este estudio innovador, obtendrás esclarecedores conceptos del perdón de Dios para contigo, aprenderás cómo responder a aquellos que te han tratado injustamente y descubrirás cómo la decisión de perdonar rompe las cadenas del doloroso pasado y te impulsa hacia un gozoso futuro.

Elementos Básicos de la Oración Efectiva

Esta perspectiva general de la oración te guiará a una vida de oración con más fervor, a medida que aprendes lo que Dios espera de tus oraciones y qué puedes esperar de Él. Un detallado examen del Padre Nuestro y de algunos importantes principios obtenidos de ejemplos de oraciones a través de la Biblia, te desafiarán a un mayor entendimiento de la voluntad de Dios, Sus caminos y Su amor por ti mientras experimentas lo que significa verdaderamente el acercarse a Dios en oración.

Cómo se Hace un Líder al Estilo de Dios

¿Qué espera Dios de quienes Él coloca en lugares de autoridad? ¿Qué características marcan al verdadero líder efectivo? ¿Cómo puedes ser el líder que Dios te ha llamado a ser? Encontrarás las respuestas a éstas y otras preguntas, en este poderoso estudio de cuatro importantes líderes de Israel—Elí, Samuel, Saúl y David— cuyas vidas señalan principios que necesitamos conocer como líderes en nuestros hogares, en nuestras comunidades, en nuestras iglesias y finalmente en nuestro mundo.

¿Qué Dice la Biblia Acerca del Sexo?

Nuestra cultura está saturada de sexo, pero muy pocos tienen una idea clara de lo que Dios dice acerca de este tema. En contraste a la creencia popular, Dios no se opone al sexo; únicamente, a su mal uso. Al aprender acerca de las barreras o límites que Él ha diseñado para proteger este regalo, te capacitarás para enfrentar las mentiras del mundo y aprender que Dios quiere lo mejor para ti.

Principios Clave para el Ayuno Bíblico

La disciplina espiritual del ayuno se remonta a la antigüedad. Sin embargo, el propósito y naturaleza de esta práctica a menudo es malentendida. Este vigorizante estudio explica por qué el ayuno es importante en la vida del creyente promedio, resalta principios bíblicos para el ayuno efectivo y muestra cómo esta poderosa disciplina lleva a una conexión más profunda con Dios.

Entendiendo los Dones Espirituales

¿Qué son Dones Espirituales?
El tema de los dones espirituales podría parecer complicado: ¿Quién

tiene dones espirituales – "las personas espirituales" o todo el mundo? ¿Qué son dones espirituales?

Entender los Dones Espirituales te lleva directamente a la Palabra de Dios, para descubrir las respuestas del Mismo que otorga el don. A medida que profundizas en los pasajes bíblicos acerca del diseño de Dios para cada uno de nosotros, descubrirás que los dones espirituales no son complicados – pero sí cambian vidas.

Descubrirás lo que son los dones espirituales, de dónde vienen, quiénes los tienen, cómo se reciben y cómo obran dentro de la iglesia. A medida que estudias, tendrás una nueva visión de cómo puedes usar los dones dados por Dios para traer esperanza a tu hogar, tu iglesia y a un mundo herido.

Viviendo Como que le Perteneces a Dios

¿Pueden otros ver que le perteneces a Dios?

Dios nos llama a una vida de gozo, obediencia y confianza. Él nos llama a ser diferentes de quienes nos rodean. Él nos llama a ser santos.

En este enriquecedor estudio, descubrirás que la santidad no es un estándar arbitrario dentro de la iglesia actual o un objetivo inalcanzable de perfección intachable. La santidad se trata de agradar a Dios – vivir de tal manera que sea claro que le perteneces a Él. La santidad es lo que te hace único como un creyente de Jesucristo.

Ven a explorar la belleza de vivir en santidad y ver por qué la verdadera santidad y verdadera felicidad siempre van de la mano.

Amando a Dios y a los demás

¿Qué quiere realmente Dios de ti?

Es fácil confundirse acerca de cómo agradar a Dios. Un maestro de Biblia te da una larga lista de mandatos que debes guardar. El siguiente te dice que solo la gracia importa. ¿Quién está en lo correcto?

Hace siglos, en respuesta a esta pregunta, Jesús simplificó todas las reglas y regulaciones de la Ley en dos grandes mandamientos: amar a Dios y a tu prójimo.

Amar a Dios y a los demás estudia cómo estos dos mandamientos definen el corazón de la fe Cristiana. Mientras descansas en el conocimiento de lo que Dios te ha llamado a hacer, serás desafiado a vivir estos mandamientos – y descubrir cómo obedecer los simples mandatos de Jesús transformarán no solo tu vida sino también las vidas de los que te rodean.

Distracciones Fatales: Conquistando Tentaciones Destructivas

¿Está el pecado amenazando tu progreso espiritual?

Cualquier tipo de pecado puede minar la efectividad del creyente, pero ciertos pecados pueden enraizarse tanto en sus vidas - incluso sin darse cuenta - que se vuelven fatales para nuestro crecimiento espiritual. Este estudio trata con seis de los pecados "mortales" que amenazan el progreso espiritual: Orgullo, Ira, Celos, Glotonería, Pereza y Avaricia. Aprenderás cómo identificar las formas sutiles en las que estas distracciones fatales pueden invadir tu vida y estarás equipado para conquistar estas tentaciones destructivas para que puedas madurar en tu caminar con Cristo.

La Fortaleza de Conocer a Dios

Puede que sepas acerca de Dios, pero ¿realmente sabes lo que Él dice acerca de Sí mismo – y lo que Él quiere de ti?

Este estudio esclarecedor te ayudará a ganar un verdadero entendimiento del carácter de Dios y Sus caminos. Mientras descubres por ti mismo quién es Él, serás llevado hacia una relación más profunda y personal con el Dios del universo – una relación que te permitirá mostrar confiadamente Su fuerza en las circunstancias más difíciles de la vida.

Guerra Espiritual: Venciendo al Enemigo

¿Estás preparado para la batalla?

Ya sea que te des cuenta o no, vives en medio de una lucha espiritual. Tu enemigo, el diablo, es peligroso, destructivo y está determinado a alejarte de servir de manera efectiva a Dios. Para poder defenderte a ti mismo de sus ataques, necesitas conocer cómo opera el enemigo. A través de este estudio de seis semanas, obtendrás un completo conocimiento de las tácticas e insidias del enemigo. Mientras descubres la verdad acerca de Satanás – incluyendo los límites de su poder – estarás equipado a permanecer firme contra sus ataques y a desarrollar una estrategia para vivir diariamente en victoria.

Volviendo Tu Corazón Hacia Dios

Descubre lo que realmente significa ser bendecido.

En el Sermón del Monte, Jesús identificó actitudes que traen el favor de Dios: llorar sobre el pecado, demostrar mansedumbre, mostrar misericordia, cultivar la paz y más. Algunas de estas frases se han vuelto tan familiares que hemos perdido el sentido de su significado. En este poderoso estudio, obtendrás un fresco entendimiento de lo que significa alinear tu vida con las prioridades de Dios. Redescubrirás por qué la palabra bendecido significa caminar en la plenitud y satisfacción de Dios, sin importar tus circunstancias. A medida que miras de cerca el significado detrás de cada una de las Bienaventuranzas, verás cómo estas verdades dan forma a tus decisiones cada día – y te acercan más al corazón de Dios.

ACERCA DE MINISTERIOS PRECEPTO INTERNACIONAL

Ministerios Precepto Internacional fue levantado por Dios para el solo propósito de establecer a las personas en la Palabra de Dios para producir reverencia a Él. Sirve como un brazo de la iglesia sin ser parte de una denominación. Dios ha permitido a Precepto alcanzar más allá de las líneas denominacionales sin comprometer las verdades de Su Palabra inerrante. Nosotros creemos que cada palabra de la Biblia fue inspirada y dada al hombre como todo lo que necesita para alcanzar la madurez y estar completamente equipado para toda buena obra de la vida. Este ministerio no busca imponer sus doctrinas en los demás, sino dirigir a las personas al Maestro mismo, Quien guía y lidera mediante Su Espíritu a la verdad a través de un estudio sistemático de Su Palabra. El ministerio produce una variedad de estudios bíblicos e imparte conferencias y Talleres Intensivos de entrenamiento diseñados para establecer a los asistentes en la Palabra a través del Estudio Bíblico Inductivo.

Jack Arthur y su esposa, Kay, fundaron Ministerios Precepto en 1970. Kay y el equipo de escritores del ministerio producen estudios **Precepto sobre Precepto,** Estudios **In & Out,** estudios de la **serie Señor,** estudios de la **Nueva serie de Estudio Inductivo,** estudios **40 Minutos** y **Estudio Inductivo de la Biblia Descubre por ti mismo para niños.** A partir de años de estudio diligente y experiencia enseñando, Kay y el equipo han desarrollado estos cursos inductivos únicos que son utilizados en cerca de 185 países en 70 idiomas.

MOVILIZANDO
Estamos movilizando un grupo de creyentes que "manejan bien la Palabra de Dios" y quieren utilizar sus dones espirituales y talentos para alcanzar 10 millones más de personas con el estudio bíblico inductivo.
Si compartes nuestra pasión por establecer a las personas en la Palabra de Dios, te invitamos a leer más. Visita **www.precept.org/Mobilize** para más información detallada.

RESPONDIENDO AL LLAMADO
Ahora que has estudiado y considerado en oración las escrituras, ¿hay algo nuevo que debas creer o hacer, o te movió a hacer algún cambio en

tu vida? Es una de las muchas cosas maravillosas y sobrenaturales que resultan de estar en Su Palabra – Dios nos habla.
En Ministerios Precepto Internacional, creemos que hemos escuchado a Dios hablar acerca de nuestro rol en la Gran Comisión. Él nos ha dicho en Su Palabra que hagamos discípulos enseñando a las personas cómo estudiar Su Palabra. Planeamos alcanzar 10 millones más de personas con el Estudio Bíblico Inductivo.

Si compartes nuestra pasión por establecer a las personas en la Palabra de Dios, ¡te invitamos a que te unas a nosotros! ¿Considerarías en oración aportar mensualmente al ministerio? Si ofrendas en línea en **www.precept.org/ATC**, ahorramos gastos administrativos para que tus dólares alcancen a más gente. Si aportas mensualmente como una ofrenda mensual, menos dólares van a gastos administrativos y más van al ministerio.
Por favor ora acerca de cómo el Señor te podría guiar a responder el llamado.

Compra Con Propósito
Cuando compras libros, estudios, audio y video, por favor cómpralos de Ministerios Precepto a través de nuestra tienda en línea (**http://store.precept.org/**) o en la oficina de Precepto en tu país. Sabemos que podrías encontrar algunos de estos materiales a menor precio en tiendas con fines de lucro, pero cuando compras a través de nosotros, las ganancias apoyan el trabajo que hacemos:

• Desarrollar más estudios bíblicos inductivos
• Traducir más estudios en otros idiomas
• Apoyar los esfuerzos en 185 países
• Alcanzar millones diariamente a través de la radio y televisión
• Entrenar pastores y líderes de estudios bíblicos alrededor del mundo
• Desarrollar estudios inductivos para niños para comenzar su viaje con Dios
• Equipar a las personas de todas las edades con las habilidades es estudio bíblico que transforma vidas

Cuando compras en Precepto, ¡ayudas a establecer a las personas en la Palabra de Dios!